GUÍA DE LECTURA

Escrita por Stéphane Carlier
Traducida por María Olivera Álvarez

Madame Bovary

de Gustave Flaubert

GUSTAVE FLAUBERT

ESCRITOR FRANCÉS

- **Nacido en 1821 en Ruán (Francia)**
- **Fallecido en 1880 cerca de Ruán (Francia)**
- **Algunas de sus obras:**
  - *Salammbó* (1862), novela
  - *La educación sentimental* (1869), novela
  - *Bouvard y Pécuchet* (1881), novela inacabada

Gustave Flaubert nación en 1821 en Ruán. Apasionado por la escritura, descubre su vocación literaria muy joven. En 1841 se traslada a París para comenzar sus estudios de derecho, que pronto abandona. El autor se instala en Croisset, al borde del Sena, y frecuenta las sociedades literarias de la época. Se relaciona, entre otros, con Carlos Baudelaire (poeta francés, 1821-1867), Ivan Tourgueniev (escritor ruso, 1818-1883), George Sand (mujer de letras francesa, 1804-1876), y Guy de Maupassant (escritor francés, 1850-1893), para quien se convertirá en un modelo.

Perfeccionista enfermizo, defiende una literatura reflexiva y sueña con escribir «un libro sobre nada». Su obra, que también se distingue por la profundidad del estudio psicológico de los personajes, es portavoz de numerosas evoluciones que experimentará la novela en el siglo XX. Flaubert muere en 1880 y deja tras de sí varias novelas inacabadas y una abundante correspondencia.

MADAME BOVARY

RETRATO DE UNA BURGUESÍA NOVELESCA

- **Género:** novela
- **Edición de referencia:** Flaubert, Gustave. 1990. *Madame Bovary*. Traducido por Ramón Ledesma Miranda. Madrid: Editorial EDAF
- **Primera edición:** 1856
- **Temáticas:** aburrimiento, amor, matrimonio, adulterio, desesperación, suicidio

Inspirado en un suceso normando, la novela *Madame Bovary* se publica primero como novela por entregas en la *Revue de Paris* en 1856, antes de aparecer como volumen en 1857. Desde su publicación, la novela provoca un escándalo: Flaubert es juzgado por ataque a las buenas costumbres y a la religión. Finalmente será absuelto.

Madame Bovary esboza el retrato de una joven burguesa que se aburre en su matrimonio y que busca consuelo en amantes pasajeros. La novela inaugura una verdadera revolución en la prosa: la complejidad psicológica de los personajes, la narración impersonal y la multiplicación de los puntos de vista obligan al lector a hacer su propia interpretación de la obra. *Madame Bovary* se mantiene claramente vigente durante el siglo XX, época durante la cual será objeto de estudio inagotable.

RESUMEN

PRIMERA PARTE

Carlos Bovary, un «chico rústico», empieza la clase quinta del colegio de Ruán. A pesar de ser un alumno pobre y mediocre, consigue llegar a ocupar un puesto como médico. Su madre le obliga a casarse con una viuda rica que pronto morirá de desesperación porque su notario la ha arruinado.

Una noche de invierno llaman a Carlos para que acuda a casa del señor Rouault, un campesino acomodado que acaba de romperse una pierna. Allí conoce a su hija, Emma. Tras la muerte de la viuda y en vista de los sentimientos entre los dos jóvenes, el señor Rouault le concede la mano de su hija a Carlos.

Una vez casados, la pareja se instala en Tostes, donde ejerce Carlos. Muy pronto, Emma se da cuenta de que la realidad no se corresponde con lo que ella había leído en sus novelas de amor. Carlos es un marido cabal pero sin misterio o distinción. El aburrimiento de su esposa aumenta cada día y ella siente cada vez más la hostilidad celosa de su suegra. A finales de septiembre la joven Bovary recibirá una invitación a un baile que pondrá fin a su aislamiento.

Este hecho es algo mágico para Emma, que ya no podrá pensar en otra cosa. Se refugia en sus fantasías y sus novelas para combatir su tristeza y hastío. Año y medio después del baile, le diagnostican una enfermedad nerviosa. La pareja decide mudarse para cambiar de aires y se instalan en

Yonville. Emma está embarazada.

SEGUNDA PARTE

La noche de su llegada a Yonville conocen al señor Homais, el farmacéutico, y a León Dupuis, con quien Emma iniciará una conversación romántica. Después del nacimiento de la pequeña Berta, Emma y León se acercarán. Él intenta declararle su amor pero su timidez se lo impide.

Durante un paseo a las afueras de Yonville, acompañada de Homais y León, Emma se da cuenta de la oposición entre la banalidad de Carlos y los encantos del joven. Comprende que está enamorada de León, quien, muy pronto, abandonará Yonville debido a su melancolía. Parece que este primer amor debe seguir siendo platónico.

En ese momento comienzan de nuevo los malestares de Emma. Un día, Rodolfo Boulager, propietario de un castillo, se pone en contacto con los Bovary por una sangradura que hay que hacerle a uno de sus granjeros. La esposa de Carlos le parece muy bella e inmediatamente Rodolfo, soltero y mujeriego empedernido, decide seducirla.

Durante los comicios agrícolas de Yonville, Rodolfo avanza con sus intentos de seducción. Más tarde, sugiere paseos a caballo para curar la neurastenia de Emma. Se convierten en amantes, pero Rodolfo termina hartándose e incluso tiene miedo de la exaltación de la joven.

Después Emma pasa por una época en la que duda: tiene remordimientos pero el fracaso de la operación de pie bot que realiza Carlos de forma irreflexiva hace que ella se aleje irremediablemente de él. Entonces seguirá viendo a su amante con muchas más ganas.

Emma se entrega por entero en esta relación y toma prestadas al señor Lheureux sumas cada vez más considerables para hacerle regalos a Rodolfo. Los dos enamorados elaboran un plan de huida pero se trata de un engaño: el día antes de su supuesta partida, Rodolfo abandona la ciudad solo y le deja una carta a la joven. Desesperada, cae gravemente enferma e incluso piensa en suicidarse. Durante su convalecencia el señor Lheureux acosa a Carlos para recuperar el dinero que ha prestado a Madame Bovary. Carlos se endeuda a su vez y se ocupa de ella con mucho amor.

Para entretener a su esposa, Carlos la lleva a ver una obra de teatro a Ruán, donde se encontrarán por casualidad con León. Este los invita a quedarse un día más en la ciudad.

TERCERA PARTE

León consigue que le den hora para casarse en la catedral el día siguiente. Le propone a Emma un paseo en coche de punto por Ruán (se trata de una célebre escena de la novela que sugiere sus retozos sin decir nada de forma explícita). De vuelta en Yonville, Madame Bovary encuentra la forma de pasar tres días en Ruán sin su esposo: será una verdadera luna de miel con León.

El señor Lheureux presiona cada vez más a la pareja y obliga a Emma a que se lance peligrosamente en una serie de créditos imposibles de reembolsar. Mientras tanto, ella logra ir frecuentemente a Ruán usando diversos pretextos. Sin embargo, todo cambia: los vencimientos de los pagarés a la orden del prestamista se acercan y Emma no puede pagar. Además, su relación con León se desvanece: ambos se aburren. Emma alterna esperanza y decepción, y la pasión disminuye.

Finalmente, la trampa de Lheurex se cierra: acorrala a Emma y la obliga a reembolsarle sus deudas pero ella no tiene dinero. En último extremo, recurre a sus amantes, quienes se niegan a ayudarla. Desamparada, va a la farmacia y se toma un frasco de arsénico. Sus efectos actúan rápidamente y Emma muere.

Carlos elige un mausoleo pomposo para la tumba y se enfada definitivamente con su madre. Ya solo le queda su hija. El señor Rouault está desesperado, al igual que Carlos, a quien acosan los acreedores. Carlos encuentra la carta de Rodolfo en el ático, se entera de la boda con León y otro día descubre todas las cartas de este para Emma, y ya no tiene dudas sobre su desgracia. Un día se encuentra con Rodolfo pero no le guarda rencor. Al día siguiente, la pequeña Berta ve a su padre muerto en el banco del jardín. Homais está satisfecho: «[...] acaba de ser condecorado» (Flaubert 1990, tercera parte, cap. 11).

ESTUDIO DE LOS PERSONAJES

EMMA BOVARY

Presentada en unas palabras consensuadas, Emma es una provinciana romántica, inmadura, víctima de la lectura y de ilusiones novelescas. Se casa y cree haber encontrado lo que es el amor, pero está decepcionada, se aburre, busca la pasión en otros lugares: en los brazos de dos hombres; y de nuevo se aburre, sigue insatisfecha y termina suicidándose. Pero decir esto no resume la complejidad del personaje. Varios retratos salpican el texto y todos la pintan como una mujer muy bella. La narración en tercera persona permite variar las perspectivas: es descrita como la ven su marido, sus dos amantes, algunos personajes secundarios y también el narrador. Todas estas miradas están cargadas de deseo. A veces Emma también se contempla en el espejo y su propia mirada la desea. El deseo de los hombres es tan solo un pretexto para el suyo, que nunca es alcanzado. La decepción siempre está presente.

Su nombre y apellido reflejan muy bien la lucha entre el ideal, el sueño, lo aéreo, el deseo (*Emma*) y el lado terrenal (*Bovary* significa «buey»). Su matrimonio (y el consecuente cambio de apellido de Rouault a Bovary) es la primera etapa de su calvario, ya que en ese momento queda dolorosamente marcada por esta oposición entre sus aspiraciones y lo real.

Emma se lanza continuamente a un lugar fantasmagórico que choca con el mundo concreto y rústico. Su imaginación se ha alimentado de novelas que leyó en el convento. He aquí una originalidad de este personaje: el autor se burla de su heroína siempre que puede; en resumen, para Flaubert, Emma no vale más que los demás y todos los protagonistas son tontos. Por eso sería difícil ver a Madame Bovary tan solo como una víctima y una imagen de la condición femenina del siglo XIX.

Así, el bovarismo es la posibilidad infinita de soñar y de decepcionarse siempre ante la realidad. Veremos más adelante que este antagonismo reside en el corazón mismo del estilo flaubertiano.

CARLOS BOVARY

Carlos es un hombre simple y muy común; se podría incluso decir que es una especie de fracasado de provincia. Desde el principio de la novela, se le presenta como ridículo: quiso ser médico pero suspendió el examen y en realidad tan solo es oficial de salud. Además, cuando procede a realizar una delicada operación pie bot, presionado por Homais, fracasa de forma lamentable y deben amputarle la pierna al enfermo.

Él adora a su mujer y nunca ha considerado que tenga defectos; de hecho, solo descubre que lo ha traicionado después de su muerte y esto es sin duda lo que lo mata a él. Ante todo, Carlos es un palurdo que no entiende nada sobre su esposa, que no ve que ni León, ni Rodolfo y ni siquiera Homais son sus amigos, y que tampoco se da cuenta de que Emma lo arruina.

Pero también es uno de los personajes más enternecedores, que tan solo existe verdaderamente en el texto antes de la aparición de Emma y después de su muerte; algo así como si la heroína se hubiera adueñado de todo el espacio disponible (él incluso tiene derecho al monólogo interior al principio de la novela, algo que, en el sistema flaubertiano, como veremos más adelante, da importancia al protagonista). Debido a un extraño destino y a un curioso giro de la situación, aunque tardío, al final se convierte en el tipo exacto de personaje romanesco/romántico que Emma podría haber amado.

Estas dos características, vulgaridad y banalidad, y sensibilidad y profundidad psicológica, hacen de Carlos un actor tan rico y complejo como un verdadero ser humano.

LEÓN DUPUIS

León parece estar hecho para Emma: es un personaje fino, delicado y romántico, tal y como a ella le gusta, que adula a la heroína como si fuera una diosa. Sin embargo, sabe mostrarse ingrato y tacaño cuando la joven le pide que le preste dinero: no reconoce que, durante su aventura, él siempre se había beneficiado de la generosidad de su amante.

En definitiva, al igual que Carlos, es un hombre mediocre. Encarna la burla de las ensoñaciones fantasías románticas pero más sutilmente que Emma, que está llena de fuerza y energía. Ante todo, él ha sido una primera etapa en el camino del deseo de Madame Bovary, quien, después de él, cede físicamente ante Rodolfo, antes de volver a Carlos y poseerlo de nuevo.

RODOLFO BOULANGER

Rodolfo es un noble local y un gran seductor de mujeres. Flaubert hace de él una especie de donjuán de provincia.

Al contrario que León, nunca ha tenido verdaderos sentimientos por Emma. Esta generosa amante lo colma de regalos, dependiendo para ello del usurero, el señor Lheureux. Cuando ella recurre a Rodolfo, hacia el final de la novela, para pedirle dinero —y ofreciéndole compensarle sexualmente—, él la rechaza.

Sin duda su papel más importante es haber podido seducir a Madame Bovary e iniciarla en una pasión puramente carnal que ella no conocía hasta entonces.

SEÑOR HOMAIS

Homais es ciertamente el protagonista más importante de la novela, aunque se trate simplemente de un «personaje secundario». Pertenece a ese linaje de lo grotesco triste que atraviesa toda la obra flaubertiana. Pensemos, por citar tan solo algunos, en los personajes del género cometido (*Una lección de historia natural: el oficinista*), del señor Arnoux (*La educación sentimental*), de Bouvard y Pécuchet (*Bouvard y Pécuchet*), etc. Homais es la encarnación máxima de la estupidez humana (Homais, derivado del latín *homo*, *hominis*, significa «el hombre»).

Es el modelo del tonto pretencioso, pedante y malévolo. Anticlerical pero partidario de una «religión para el pueblo», se presenta como defensor de la propiedad privada y aprecia los honores, a la vez que rechaza el sistema. Él es quien tiene «la última palabra» en el libro, en una especie de final feliz burgués que deja entrever la burla de Flaubert: Homais «acaba de ser condecorado» (Flaubert 1990, tercera parte, cap. 11).

Este personaje, que tendrá cada vez más importancia dentro de la intriga, solo aparece en la segunda parte. Impresiona al cantón, donde se le considera un intelectual porque es farmacéutico, «redactor» de opúsculos científicos (en realidad, solamente uno, ¡sobre la fabricación de la sidra!) y correspondiente del *Fanal*, periódico de la ciudad de Ruán. Es un burro, pero su tono y su orgullo impresionan al pueblo llano.

También desempeña un papel muy curioso desde el punto de vista de la trama narrativa. Y es que Homais siempre está presente en los momentos en los que la historia da un giro decisivo: él es quien anuncia la celebración de los comicios agrícolas (cuando Rodolfo seduce a Emma), a quien se le ocurre la idea de ir al teatro a Ruán, de dar paseos a caballo (con Rodolfo), de ir a clases de piano (con León)... Y por último, también es él quien indica en presencia de Madame Bovary –sin hacerlo a propósito– dónde se encuentra el arsénico.

CLAVES DE LECTURA

ENTRE EL REALISMO Y EL ROMANTICISMO

A menudo se clasifica a Flaubert entre los novelistas realistas de la segunda mitad del siglo XIX. En realidad su obra se situaría más bien entre:

- un realismo clásico (digamos balzaquiano): representa la realidad desoladora y evoca las cosas totalmente simples;
- un lirismo romántico: encontramos una inclinación hacia la ensoñación romántica, una especie de idealismo, pero que siempre termina «desinflándose».

El escritor ofrece un ejemplo de esta dualidad con la célebre escena de los comicios agrícolas, que es un momento de transición de la intriga, una construcción en abismo de la estructura de la novela, un díptico que ilustra las dos facetas de la obra: el discurso grotesco de los políticos sobre la agricultura se mezcla, con un grandísimo efecto cómico, a las palabras románticas de Rodolfo y de Emma. Por ambas partes hay un «rebajamiento»: las dos intervenciones están plagadas de tópicos, abarrotadas de estereotipos. Por lo tanto, *Madame Bovary* es ante todo el libro de la estupidez universal. Es una ilustración novelesca del *Diccionario de ideas preconcebidas*.

En el siguiente extracto, Rodolfo intenta seducir a Emma e ilustra así los dos aspectos de la novela en un discurso sobre la moral:

> «Pero es que hay dos clases de moral -replicó Rodolfo-. La cominero, la convencional, la que de continuo cambia, y grita, y bulle a ras de tierra, como esa turba de imbéciles que tenemos delante. Pero la otra, la eterna, está en torno nuestro y por encima de nosotros, como el paisaje que nos rodea y el cielo azul que nos ilumina» (Flaubert 1990, segunda parte, cap. 8).

Pero aquí también Flaubert logra burlarse de esta tentación lírica del noble, quien, mientras corteja a Emma, no puede evitar admirar el ganado de preciosas vacas que pastan fuera.

Estos dos elementos contradictorios -el impulso hacia la pureza, el ideal, y el movimiento de recaída hacia lo bajo, la decepción- son necesarios para darse cuenta de la entereza del mundo y de su complejidad. Podríamos decir, simple y llanamente, que el autor muestra de esta forma la transición entre el romanticismo y el realismo:

> «Flaubert escribe en "odio al realismo", es decir a distancia de una simple relación descriptiva con las cosas, las actitudes, los acontecimientos, los medios sociales. Pero también es cierto que escribe en odio a las falsas idealidades del sentimiento» (Neefs 2009, 21-30).

LA DESCRIPCIÓN Y EL REALISMO SUBJETIVO

En las novelas tradicionales la descripción siempre ha estado presente para apoyar la historia, situarla y fecharla. Los detalles dan al relato mayor verdad (o más bien una verosimilitud, Barthes 2002) y también nos instruyen sobre la sociedad, las costumbres y el país en cuestión. Pero estos aspectos siempre son secundarios respecto a la línea de la novela; están ahí, ante todo, para situarnos en otro lugar, un sitio que se nos presenta como real y que debe convertirse para nosotros en algo tan familiar como los acontecimientos de nuestra propia vida.

Sin embargo, con Flaubert y *Madame Bovary*, descubrimos que «la historia tiene tan poca importancia que al final el verdadero tema de la obra es no tener ninguno» (Bolleme 1964, 193). En cuanto a la descripción flaubertiana, no se trata de una evocación anodina ni de un simple decorado que apoyaría la acción. Tampoco es una «multitud de detalles descriptivos inútiles», como pretendía el crítico Louis-Edmond Duranty: «*Madame Bovary* representa la obstinación de la descripción. [...] No hay ni emoción, ni vida, ni sentimiento en esta novela» (revista *Réalisme*, 15 de marzo de 1857).

En realidad se habla de «realismo subjetivo»:

• la descripción flaubertiana intenta transfigurar lo real. Significa, ante todo, un estado de ánimo del personaje, que ve, siente y escucha. Se retranscribe la realidad cuando ya ha pasado por la interioridad de un protagonista;
• debido a esta focalización sobre el objeto exterior y su inserción en una subjetividad, la descripción se centra meramente en los hechos y prácticamente sustituye a la narración;
• esta interiorización del objeto se lleva a cabo mediante la sensación. Flaubert hace que sintamos las cosas y no nos las propone para un análisis; prefiere una forma de

«conocimiento por contacto», lo cual implica para el lector cierta libertad de interpretación, puesto que las cosas se dicen en silencio y lo implícito siempre está presente.

Con el objetivo de ilustrar estos puntos, vamos a servirnos de otro célebre pasaje de la novela, en el que Emma y Carlos están solos en la cocina de la granja finca de los Bertaux (Flaubert 1990, primera parte, cap. 3).

> «Un día presentose a eso de las tres. Todos hallábanse en el campo. Llegó hasta la cocina; pero en un principio, y ello por hallarse cerradas las ventanas, no percibió a Emma. El sol deslizábase por las rendijas de los postigos en rayas sutiles, que se quebraban en el ángulo de los muebles y temblequeaban en el techo. Las moscas, por la mesa, ascendían a los vasos, con restos aún de sidra, y zumbaban al caer dentro y ahogarse. La luz que descendía por la chimenea, aterciopelando el hollín, azuleaba las frías cenizas. Emma, entre el hogar y la ventana, cosía; no llevaba manteleta y en sus desnudos hombros veíanse algunas gotitas de sudor.
>
> Ofrecióle, según la costumbre campesina, algo de beber, que él no quiso aceptar; pero insistió la joven, y echándose a reír, le propuso que bebieran ambos un vaso de licor. Dirigióse, pues, a la alacena en busca de una botella de curaçao, alcanzó dos copitas, llenó una hasta los bordes, vertió un poquitín en la otra, y tras de brindar, llevose la última a la boca. Como estaba casi vacía, para beber tuvo que retreparse, y de esta suerte, la cabeza hacia atrás, salientes los labios y en alto el codo, reía de no tragar nada, en tanto que su lengua, deslizándose por entre los menudos dientes, lamía el fondo de la copa.

Sentose de nuevo y prosiguió su labor: el zurcido de unas medias blancas de algodón. Cosía sin levantar la cabeza y al igual que Carlos, sin decir palabra. El aire, al deslizarse por debajo de la puerta, levantaba un poco de polvo, y Carlos, viéndolo desparramarse, no oía más que el interior martilleo de sus sienes y el lejano cacareo de una gallina clueca. Emma, de cuando en cuando, refrescábase las mejillas con la palma de las manos, colocándolas éstas, después, en la férrea bola de los morillos para enfriarlas nuevamente.

Quejábase de sufrir vértigos desde principios de la estación, y preguntole a Carlos si serían convenientes los baños de mar. Hablaron luego; ella, del convento, y Carlos, del colegio, enredándose de este modo la charla. Subieron al cuarto [...]».

Este texto ilustra bien el fenómeno del realismo subjetivo. Los tres primeros párrafos están percibidos en su totalidad por Carlos. Su atención se centra en lo que sus emociones le ordenan que considere: las moscas que se ahogan en el vaso, las gotas de sudor sobre los hombros desnudos de Emma, la avidez para chupar el curasao y el calor de las mejillas de la joven mujer. ¿Cómo no sentir la vergüenza, la timidez, la angustia, así como el deseo del marido tras estas sensaciones? Este percibe en el mundo lo que corresponde a su «interior martilleo». Por tanto, se relacionan elementos puramente materiales con sentimientos apenas plasmados.

Pero el mundo también puede imponerse en toda su irreductibilidad. De hecho, aunque parezca que los personajes animan el objeto de sus propios sentimientos, que lo ponen en comunicación con su interioridad, tal vez dicho objeto también está ahí para anular ese significado que querríamos darle: «¿Es la descripción de la sensación portadora de un significado psicológico o tan solo traduce un éxtasis material, un estupor desprovisto de sentido, la sensación puro de lo real puro?» (Adert 1996, 87). En otras palabras, ¿no añadimos significado a aquello que no lo tiene?

Así, caben dos posibilidades en Flaubert. La percepción del mundo exterior puede:

- bien simbolizar un estado de ánimo, una emoción o un sentimiento;
- bien traducir algo puramente sensible, algo real y no significante.

Sea cual sea la posición que haya elegido adoptar el lector, se puede decir que el realismo de Flaubert consiste en una relación entre nosotros y el mundo; intenta establecer una complicidad entre los seres y los objetos. Flaubert podría decir de todos sus libros lo que dice respecto a *Salambó*: «No hay en mi libro descripción alguna aislada, gratuita; todas *sirven* [subraya el autor] a mis personajes y tienen una influencia lejana o inmediata sobre la acción» (Carta a Sainte-Beuve del 23-24 de diciembre de 1862).

EL ESTILO INDIRECTO LIBRE Y EL MONÓLOGO INTERIOR

Es bien conocida la célebre frase de Flaubert sobre el estilo: «Lo que me parece bello, lo que me gustaría hacer, es un libro sobre nada, un libro sin ataduras exteriores, que se mantuviera por sí mismo por la fuerza interna de su estilo [...], un libro que prácticamente no tuviera tema, o al menos en el que el tema fuese invisible, si esto es posible.» (Carta a Louise Colet del 16 de marzo de 1852).

Sin entrar en este debate, nos gustaría estudiar brevemente la cuestión del estilo indirecto libre y del monólogo interior en Flaubert.

El estilo indirecto libre a menudo está presente en los monólogos interiores, y estos son utilizados frecuentemente por todos los personajes del autor.

Para medir la importancia de un protagonista del escritor, basta con medir la cantidad de monólogos interiores que el autor le concede. Por supuesto, Emma se lleva la palma porque el monólogo interior es una forma de bovarismo: el lector descubre desde el interior, sin ninguna meditación, lo reprimido de la heroína, toda esa parte de ensoñación que ella no puede alcanzar y ni siquiera comunicar en la vida diaria.

¿SABÍA QUE...? EL ESTILO INDIRECTO LIBRE

El estilo indirecto libre es un tipo de discurso indirecto que consiste en retranscribir las palabras o los pensamientos de un personaje sin que estén marcadas de forma explícita en el texto, como es el caso del estilo directo (*Ella dijo: «¡Vete!»*) o el estilo indirecto (*Ella le dijo que se fuera*). Sin embargo, se pueden mantener algunas marcas de la transcripción oral (como por ejemplo signos de exclamación).

Gracias a este procedimiento estilístico, penetramos en el interior del personaje sin ni siquiera darnos cuenta. Esto se debe a toda la fuerza del estilo indirecto libre, que nos cuesta diferenciar del relato hasta tal punto que a veces es difícil saber si se trata de la voz del personaje, de la de Flaubert o de la opinión pública, de rumores que invaden el texto.

El monólogo interior también es el lugar donde puede darse el famoso imperfecto del indicativo, tan característico del estilo flaubertiano. Gracias a este tiempo, la cronología parece dilatarse y mantenerse incompleta: es el tiempo del ensueño y del bovarismo por excelencia.

PISTAS PARA LA REFLEXIÓN

ALGUNAS PREGUNTAS PARA PROFUNDIZAR EN SU REFLEXIÓN...

- Distinga en *Madame Bovary* lo relacionado con la estética realista y lo que pertenece más bien al romanticismo.
- ¿En qué aspectos constituye la escena de los comicios agrícolas una construcción en abismo de la novela?
- «La historia tiene tan poca importancia que, en el fondo, el verdadero tema de la obra es no tener ninguno ». Comente esta cita sobre *Madame Bovary*.
- ¿En qué consiste el realismo subjetivo de Flaubert?
- ¿Qué hace que las descripciones del autor sean originales?
- ¿Qué es el bovarismo?
- ¿Cree usted que el escritor denuncia los peligros de la lectura en esta obra?
- Identifique los estereotipos imitados en este relato.
- Desde su punto de vista, ¿por qué Flaubert utiliza tanto el estilo indirecto libre y el monólogo interior?
- ¿En qué aspecto encarna esta novela la necedad humana?
- ¿Por qué se puede decir que el título del texto ya contiene todo el alcance trágico de la obra?

PARA IR MÁS ALLÁ

EDICIÓN DE REFERENCIA

- Flaubert, Gustave. 1990. *Madame Bovary*. Traducido por Ramón Ledesma Miranda. Madrid: Editorial EDAF.

ESTUDIOS DE REFERENCIA

- Adert, Laurent. 1996. *Les Mots des autres. Lieu commun et création romanesque dans les oeuvres de Gustave Flaubert, Nathalie Sarraute et Robert Pinget.* Lille: Presses Universitaires du Septentrion.
- Barthes, Roland. 2002. "L'Effet de réel", en *Œuvres complètes*, t. 3. París: Seuil.
- Bolleme, Geneviève. 1964. *La Leçon de Flaubert*. París: 10/18.
- Flaubert, Gustave. 1998. *Correspondances*. París: Gallimard.
- Neefs, Jacques. 2009. "La Prose du réel", en *Le Flaubert réel*. Berlín: Walter de Gruyter.
- Herschberg Pierrot, Anne. 1993. *Stylistique de la prose.* París: Belin Sup.
- Starobinsky, Jean. "L'échelle des températures", en *Travail de Flaubert*. París: Seuil.

ADAPTACIONES

Madame Bovary ha sido objeto de numerosas adaptaciones cinematográficas, entre las cuales figuran:

- *Madame Bovary*. Dirigida por de Jean Renoir, con Valentine Tessier y Pierre Renoir. Francia, 1933.
- *Madame Bovary*. Dirigida por Claude Chabrol, con Isabelle Huppert y Jean-François Balmer. Francia, 1991.

EN RESUMENEXPRESS.COM

- Guía de lectura de *La education sentimental* de Gustave Flaubert.
- Guía de lectura de *Salammbó* de Gustave Flaubert.

ResumenExpress.com

Muchas más guías para descubrir tu pasión por la literatura

www.resumenexpress.com